SIMPLE ENGLISH-KOREAN SENTENCES 1

SIMPLE ENGLISH-KOREAN SENTENCES I

LET'S LEARN KOREAN
WITH VERY SIMPLE SENTENCES
AN ENGLISH-KOREAN BILINGUAL BOOK

Young Eun Choi

The more you practice Korean,
the more fluent you'll become.

I am _______. (present) 저는 _________ 이에(예)요.

I am <u>a teacher</u>.
저는 <u>선생님</u>이에요.
(jeo-neun seon-saeng-nim-i-e-yo)

I am <u>a student</u>.
저는 <u>학생</u>이에요.
(jeo-neun hak-saeng-i-e-yo)

I am <u>a salesperson</u>.
저는 <u>영업사원</u>이에요.
(jeo-neun yeong-eob-sa-won-i-e-yo)

I am <u>a chef</u>.
저는 <u>요리사</u>예요.
(jeo-neun yo-ri-sa-ye-yo)

I am <u>a lawyer</u>.
저는 <u>변호사</u>예요.
(jeo-neun byeon-ho-sa-ye-yo)

I am <u>a doctor</u>.
저는 <u>의사</u>예요.
(jeo-neun ui-sa-ye-yo)

final consonant + '이'에요 ex) 선생님 + 이 + 에요 　　요리<u>사</u> + x + 에요

1

I am _________. (present)

저는 _________ 이에(예)요.

I am <u>a teacher</u>.

저는 _________이에요.

(jeo-neun seon-saeng-nim-i-e-yo)

I am <u>a student</u>.

저는 _________이에요.

(jeo-neun hak-saeng-y-i-yo)

I am <u>a salesperson</u>.

저는 ___________이에요.

(jeo-neun yeong-eob-sa-won-i-e-yo)

I am <u>a chef</u>.

저는 _________예요.

(jeo-neun yo-ri-sa-ye-yo)

I am <u>a lawyer</u>.

저는 _________예요.

(jeo-neun byeon-ho-sa-ye-yo)

I am <u>a doctor</u>.

저는 _________예요.

(jeo-neun ui-sa-ye-yo)

I was _______. (past)
저는 _________ 이었(였)어요.

I was <u>a teacher</u>.
저는 <u>선생님</u>이었어요.
(jeo-neun seon-saeng-nim-i-eot-eo-yo)

I was <u>a student</u>.
저는 <u>학생</u>이었어요.
(jeo-neun hak-saeng-i-eot-eo-yo)

I was <u>a salesperson</u>.
저는 <u>영업사원</u>이었어요.
(jeo-neun yeong-eob-sa-won-i-eot-eo-yo)

I was <u>a chef</u>.
저는 <u>요리사</u>였어요.
(jeo-neun yo-ri-sa-yeot-eo-yo)

I was <u>a lawyer</u>.
저는 <u>변호사</u>였어요.
(jeo-neun byeon-ho-sa-yeot-eo-yo)

I was <u>a doctor</u>.
저는 <u>의사</u>였어요.
(jeo-neun ui-sa-yeot-eo-yo)

3

final consonant + '이었'어요
ex) 선생님 + 이었 + 어요
　　 요리사 + 였　 + 어요

connected speech

이었어요(었어 -> 어써)
i-eo-sseo-yo
였어요(였어 -> 여써)
yeo-sseo-yo

I was <u>a teacher</u>.
저는 _______이었어요.
(jeo-neun seon-saeng-nim-i-eot-eo-yo)

I was <u>a student</u>.
저는 _______이었어요.
(jeo-neun hak-saeng-i-eot-eo-yo)

I was <u>a salesperson</u>.
저는 _________이었어요.
(jeo-neun yeong-eob-sa-won-i-eot-eo-yo)

I was <u>a chef</u>.
저는 _______였어요.
(jeo-neun yo-ri-sa-yeot-eo-yo)

I was <u>a lawyer</u>.
저는 _______였어요.
(jeo-neun byeon-ho-sa-yeot-eo-yo)

I was <u>a doctor</u>.
저는 _______였어요.
(jeo-neun ui-sa-yeot-eo-yo)

I am ________. (present)

저는 ________ 이에(예)요.

I am <u>a police officer</u>.
저는 <u>경찰</u>이에요.
(jeo-neun gyeong-chal-i-e-yo)

I am <u>a singer</u>.
저는 <u>가수</u>예요.
(jeo-neun ga-su-ye-yo)

I am <u>a writer</u>.
저는 <u>작가</u>예요.
(jeo-neun jak-ga-ye-yo)

I am <u>a nurse</u>.
저는 <u>간호사</u>예요.
(jeo-neun gan-ho-sa-ye-yo)

I am <u>an architect</u>.
저는 <u>건축가</u>예요.
(jeo-neun geon-chug-ga-ye-yo)

I am <u>a songwriter</u>.
저는 <u>작곡가</u>예요.
(jeo-neun jak-gok-ga-ye-yo)

5

connected speech

경찰이에요(찰이 -> 차리)
gyeong-<u>cha-li</u>-e-yo
작가예요(작가 -> 작까)
<u>jak-gga</u>-ye-yo
건축가예요(축가 -> 축까)
geon-<u>chug-gga</u>-ye-yo
작곡가예요(작곡가 -> 작꼭까)
<u>jak-ggok-gga</u>-ye-yo

I am ________. (present)

저는 _________ 이에(예)요.

I am <u>a police officer</u>.

저는 ________이에요.

(jeo-neun gyeong-chal-i-e-yo)

I am <u>a singer</u>.

저는 ________예요.

(jeo-neun ga-su-ye-yo)

I am <u>a writer</u>.

저는 ________예요.

(jeo-neun jak-ga-ye-yo)

I am <u>a nurse</u>.

저는 ________예요.

(jeo-neun gan-ho-sa-ye-yo)

I am <u>an architect</u>.

저는 ________예요.

(jeo-neun geon-chug-ga-ye-yo)

I am <u>a songwriter</u>.

저는 ________예요.

(jeo-neun jak-gok-ga-ye-yo)

I was ________. (past)
저는 ________ 이었(였)어요.

I was <u>a police officer</u>.
저는 <u>경찰</u>이었어요.
(jeo-neun gyeong-chal-i-eot-eo-yo)

I was <u>a singer</u>.
저는 <u>가수</u>였어요.
(jeo-neun ga-su-yeot-eo-yo)

I was <u>a writer</u>.
저는 <u>작가</u>였어요.
(jeo-neun jak-ga-yeot-eo-yo)

I was <u>a nurse</u>.
저는 <u>간호사</u>였어요.
(jeo-neun gan-ho-sa-yeot-eo-yo)

I was <u>an architect</u>.
저는 <u>건축가</u>였어요.
(jeo-neun geon-chug-ga-yeot-eo-yo)

I was <u>a songwriter</u>.
저는 <u>작곡가</u>였어요.
(jeo-neun jak-gok-ga-yeot-eo-yo)

I was _______. (past)
저는 _________ 이었(였)어요.

I was <u>a police officer</u>.
저는 _______이었어요.
(jeo-neun gyeong-chal-i-eot-eo-yo)

I was <u>a singer</u>.
저는 _______였어요.
(jeo-neun ga-su-yeot-eo-yo)

I was <u>a writer</u>.
저는 _______였어요.
(jeo-neun jak-ga-yeot-eo-yo)

I was <u>a nurse</u>.
저는 _______였어요.
(jeo-neun gan-ho-sa-yeot-eo-yo)

I was <u>an architect</u>.
저는 _______였어요.
(jeo-neun geon-chug-ga-yeot-eo-yo)

I was <u>a songwriter</u>.
저는 _______였어요.
(jeo-neun jak-gok-ga-yeot-eo-yo)

8

I like _________. (present)
저는 ______을/를 좋아해요.

I like <u>you</u>.
저는 당신을 좋아해요.
(jeo-neun dang-sin-eul jo-a-hae-yo)

I like <u>it</u>.
저는 그것을 좋아해요.
(jeo-neun geu-geot-eul jo-a-hae-yo)

I like <u>you</u>.
저는 당신들을 좋아해요.
(jeo-neun dang-sin-deul-eul jo-a-hae-yo)

I like <u>them</u>.
저는 그들"을" 좋아해요.
(jeo-neun geu-deul-eul jo-a-hae-yo)

I like <u>her</u>.
저는 그녀"를" 좋아해요.
(jeo-neun geu-nyeo-reul jo-a-hae-yo)

I like <u>him</u>.
저는 그를 좋아해요.
(jeo-neun geu-reul jo-a-hae-yo)

9

final consonant + '을'
ex) 당신 + 을
    그녀 + 를

connected speech

당신을(신을 -> 시늘)
dang-si-neul
그것을(것을 -> 거슬)
geu-geo-seul
당신들을(들을 -> 드를)
dang-sin-deu-leul

I like __________. (present)
저는 _______을/를 좋아해요.

I like <u>you</u>.
저는 _______을 좋아해요.
(jeo-neun dang-sin-eul jo-a-hae-yo)

I like <u>it</u>.
저는 _______을 좋아해요.
(jeo-neun geu-geot-eul jo-a-hae-yo)

I like <u>you</u>.
저는 _______을 좋아해요.
(jeo-neun dang-sin-deul-eul jo-a-hae-yo)

I like <u>them</u>.
저는 _______을 좋아해요.
(jeo-neun geu-deul-eul jo-a-hae-yo)

I like <u>her</u>.
저는 _______를 좋아해요.
(jeo-neun geu-nyeo-reul jo-a-hae-yo)

I like <u>him</u>.
저는 _______를 좋아해요.
(jeo-neun geu-reul jo-a-hae-yo)

I liked _______. (past)

저는 _______을/를 좋아했어요.

I liked <u>you</u>.
저는 <u>당신</u>을 좋아했어요.
(jeo-neun dang-sin-eul jo-a-haet-eo-yo)

I liked <u>it</u>.
저는 <u>그것</u>을 좋아했어요.
(jeo-neun geu-geot-eul jo-a-haet-eo-yo)

I liked <u>you</u>.
저는 <u>당신들</u>을 좋아했어요.
(jeo-neun dang-sin-deul-eul jo-a-haet-eo-yo)

I liked <u>them</u>.
저는 <u>그들</u>을 좋아했어요.
(jeo-neun geu-deul-eul jo-a-haet-eo-yo)

I liked <u>her</u>.
저는 <u>그녀</u>를 좋아했어요.
(jeo-neun geu-nyeo-reul jo-a-haet-eo-yo)

I liked <u>him</u>.
저는 <u>그</u>를 좋아했어요.
(jeo-neun geu-reul jo-a-haet-eo-yo)

11

connected speech

좋아<u>했어</u>요(했어 -> 해써)
jo-a-hae-sseo-yo

I liked _______. (past) 저는 _______을/를 좋아했어요.

I liked <u>you</u>.
저는 _______을 좋아했어요.
(jeo-neun dang-sin-eul jo-a-haet-eo-yo)

I liked <u>it</u>.
저는 _______을 좋아했어요.
(jeo-neun geu-geot-eul jo-a-haet-eo-yo)

I liked <u>you</u>.
저는 _______을 좋아했어요.
(jeo-neun dang-sin-deul-eul jo-a-haet-eo-yo)

I liked <u>them</u>.
저는 _______을 좋아했어요.
(jeo-neun geu-deul-eul jo-a-haet-eo-yo)

I liked <u>her</u>.
저는 _______를 좋아했어요.
(jeo-neun geu-nyeo-reul jo-a-haet-eo-yo)

I liked <u>him</u>.
저는 _______를 좋아했어요.
(jeo-neun geu-reul jo-a-haet-eo-yo)

12

I like _________. (present)

저는 _______을/를 좋아해요.

I like <u>math</u>.
저는 <u>수학</u>을 좋아해요.
(jeo-neun su-hak-eul jo-a-hae-yo)

I like <u>a toy</u>.
저는 <u>장난감</u>을 좋아해요.
(jeo-neun jang-nan-gam-eul jo-a-hae-yo)

I like <u>shoes</u>.
저는 <u>신발</u>을 좋아해요.
(jeo-neun sin-bal-eul jo-a-hae-yo)

I like <u>a cat</u>.
저는 <u>고양이</u>를 좋아해요.
(jeo-neun go-yang-i-reul jo-a-hae-yo)

I like <u>a dog</u>.
저는 <u>개</u>를 좋아해요.
(jeo-neun gae-reul jo-a-hae-yo)

I like <u>a bird</u>.
저는 <u>새</u>를 좋아해요.
(jeo-neun sae-reul jo-a-hae-yo)

13

connected speech

수학을(학율 -> 하글)
su-ha-geul
장난감을(장난감을 -> 장난까믈)
jang-nan-gga-meul
신발을(발율 -> 바를)
sin-ba-leul

I like _________. (present)

저는 _______을/를 좋아해요.

I like <u>math</u>.

저는 _______을 좋아해요.

(jeo-neun su-hak-eul jo-a-hae-yo)

I like <u>a toy</u>.

저는 _______을 좋아해요.

(jeo-neun jang-nan-gam-eul jo-a-hae-yo)

I like <u>shoes</u>.

저는 _______을 좋아해요.

(jeo-neun sin-bal-eul jo-a-hae-yo)

I like <u>a cat</u>.

저는 _______를 좋아해요.

(jeo-neun go-yang-i-reul jo-a-hae-yo)

I like <u>a dog</u>.

저는 _______를 좋아해요.

(jeo-neun gae-reul jo-a-hae-yo)

I like <u>a bird</u>.

저는 _______를 좋아해요.

(jeo-neun sae-reul jo-a-hae-yo)

I liked ________. (past)

저는 ______을/를 좋아했어요.

I liked <u>math</u>.
저는 <u>수학</u>을 좋아했어요.
(jeo-neun su-hak-eul jo-a-haet-eo-yo)

I liked <u>a toy</u>.
저는 <u>장난감</u>을 좋아했어요.
(jeo-neun jang-nan-gam-eul jo-a-haet-eo-yo)

I liked <u>shoes</u>.
저는 <u>신발</u>을 좋아했어요.
(jeo-neun sin-bal-eul jo-a-haet-eo-yo)

I liked <u>a cat</u>.
저는 <u>고양이</u>를 좋아했어요.
(jeo-neun go-yang-i-reul jo-a-haet-eo-yo)

I liked <u>a dog</u>.
저는 <u>개</u>를 좋아했어요.
(jeo-neun gae-reul jo-a-haet-eo-yo)

I liked <u>a bird</u>.
저는 <u>새</u>를 좋아했어요.
(jeo-neun sae-reul jo-a-haet-eo-yo)

15

I liked <u>math</u>.
저는 _______을 좋아했어요.
(jeo-neun su-hak-eul jo-a-haet-eo-yo)

I liked <u>a toy</u>.
저는 _______을 좋아했어요.
(jeo-neun jang-nan-gam-eul jo-a-haet-eo-yo)

I liked <u>shoes</u>.
저는 _______을 좋아했어요.
(jeo-neun sin-bal-eul jo-a-haet-eo-yo)

I liked <u>a cat</u>.
저는 _______를 좋아했어요.
(jeo-neun go-yang-i-reul jo-a-haet-eo-yo)

I liked <u>a dog</u>.
저는 _______를 좋아했어요.
(jeo-neun gae-reul jo-a-haet-eo-yo)

I liked <u>a bird</u>.
저는 _______를 좋아했어요.
(jeo-neun sae-reul jo-a-haet-eo-yo)

16

I like __________. (present)

저는 ______을/를 좋아해요.

I like <u>spring</u>.

저는 봄을 좋아해요.

(jeo-neun bom-eul jo-a-hae-yo)

I like <u>summer</u>.

저는 여름을 좋아해요.

(jeo-neun yeo-reum-eul jo-a-hae-yo)

I like <u>autumn</u>.

저는 가을을 좋아해요.

(jeo-neun ga-eul-eul jo-a-hae-yo)

I like <u>winter</u>.

저는 겨울을 좋아해요.

(jeo-neun gye-oul-eul jo-a-hae-yo)

I like <u>bibimbap</u>.

저는 비빔밥을 좋아해요.

(jeo-neun bi-bim-bab-eul jo-a-hae-yo)

I like <u>bulgogi</u>.

저는 불고기를 좋아해요.

(jeo-neun bul-go-gi-reul jo-a-hae-yo)

17

connected speech

봄을(봄을 -> 보믈)

bo-meul

여름을(여름을 -> 여르믈)

yeo-reu-meul

가을을(가을을 -> 으믈)

ga-eu-leul

I like __________. (present)

저는 _______을/를 좋아해요.

I like <u>spring</u>.

저는 _______을 좋아해요.

(jeo-neun bom-eul jo-a-hae-yo)

I like <u>summer</u>.

저는 _________을 좋아해요.

(jeo-neun yeo-reum-eul jo-a-hae-yo)

I like <u>autumn</u>.

저는 _________을 좋아해요.

(jeo-neun ga-eul-eul jo-a-hae-yo)

I like <u>winter</u>.

저는 _________을 좋아해요.

(jeo-neun gye-oul-eul jo-a-hae-yo)

I like <u>bibimbap</u>.

저는 __________을 좋아해요.

(jeo-neun bi-bim-bab-eul jo-a-hae-yo)

I like <u>bulgogi</u>.

저는 __________를 좋아해요.

(jeo-neun bul-go-gi-reul jo-a-hae-yo)

18

connected speech

겨울을(울을 -> 우를)

gye-ou-leul

비빔밥을(빕밥을 -> 빔빠불)

bi-bim-bba-beul

I liked __________. (past) 저는 ______을/를 좋아했어요.

I liked <u>spring</u>.
저는 <u>봄</u>을 좋아했어요.
(jeo-neun bom-eul jo-a-haet-eo-yo)

I liked <u>summer</u>.
저는 <u>여름</u>을 좋아했어요.
(jeo-neun yeo-reum-eul jo-a-haet-eo-yo)

I liked <u>autumn</u>.
저는 <u>가을</u>을 좋아했어요.
(jeo-neun ga-eul-eul jo-a-haet-eo-yo)

I liked <u>winter</u>.
저는 <u>겨울</u>을 좋아했어요.
(jeo-neun gye-oul-eul jo-a-haet-eo-yo)

I liked <u>bibimbap</u>.
저는 <u>비빔밥</u>을 좋아했어요.
(jeo-neun bi-bim-bab-eul jo-a-haet-eo-yo)

I liked <u>bulgogi</u>.
저는 <u>불고기</u>를 좋아했어요.
(jeo-neun bul-go-gi-reul jo-a-haet-eo-yo)

19

I liked __________. (past)

저는 _______을/를 좋아했어요.

I liked <u>spring</u>.

저는 _______을 좋아했어요.

(jeo-neun bom-eul jo-a-haet-eo-yo)

I liked <u>summer</u>.

저는 _______을 좋아했어요.

(jeo-neun yeo-reum-eul jo-a-haet-eo-yo)

I liked <u>autumn</u>.

저는 _______을 좋아했어요.

(jeo-neun ga-eul-eul jo-a-haet-eo-yo)

I liked <u>winter</u>.

저는 _______을 좋아했어요.

(jeo-neun gye-oul-eul jo-a-haet-eo-yo)

I liked <u>bibimbap</u>.

저는 _______을 좋아했어요.

(jeo-neun bi-bim-bab-eul jo-a-haet-eo-yo)

I liked <u>bulgogi</u>.

저는 _______를 좋아했어요.

(jeo-neun bul-go-gi-reul jo-a-haet-eo-yo)

I know __________. (present)
저는 _______을/를 알아요.

I know <u>you</u>.
저는 <u>당신</u>을 알아요.
(jeo-neun dang-sin-eul al-a-yo)

I know <u>him</u>.
저는 <u>그</u>를 알아요.
(jeo-neun geu-reul al-a-yo)

I know <u>her</u>.
저는 <u>그녀</u>를 알아요.
(jeo-neun geu-nyeo-reul al-a-yo)

I know <u>it</u>.
저는 <u>그것</u>을 알아요.
(jeo-neun geu-geot-eul al-a-yo)

I know <u>you</u>.
저는 <u>당신들</u>을 알아요.
(jeo-neun dang-sin-deul-eul al-a-yo)

I know <u>them</u>.
저는 <u>그들</u>을 알아요.
(jeo-neun geu-deul-eul al-a-yo)

21

connected speech

알아요(알아 -> 아라)
a-ra-yo

I know _________. (present)

저는 _______을/를 알아요.

I know <u>you</u>.
저는 _________을 알아요.
(jeo-neun dang-sin-eul al-a-yo)

I know <u>him</u>.
저는 _______를 알아요.
(jeo-neun geu-reul al-a-yo)

I know <u>her</u>.
저는 _______를 알아요.
(jeo-neun geu-nyeo-reul al-a-yo)

I know <u>it</u>.
저는 _______을 알아요.
(jeo-neun geu-geot-eul al-a-yo)

I know <u>you</u>.
저는 _________을 알아요.
(jeo-neun dang-sin-deul-eul al-a-yo)

I know <u>them</u>.
저는 _______을 알아요.
(jeo-neun geu-deul-eul al-a-yo)

I knew ________. (past)

저는 ______을/를 알았어요.

I knew <u>you</u>.
저는 <u>당신</u>을 알았어요.
(jeo-neun dang-sin-eul al-at-eo-yo)

I knew <u>him</u>.
저는 <u>그</u>를 알았어요.
(jeo-neun geu-reul al-at-eo-yo)

I knew <u>her</u>.
저는 <u>그녀</u>를 알았어요.
(jeo-neun geu-nyeo-reul al-at-eo-yo)

I knew <u>it</u>.
저는 <u>그것</u>을 알았어요.
(jeo-neun geu-geot-eul al-at-eo-yo)

I knew <u>you</u>.
저는 <u>당신들</u>을 알았어요.
(jeo-neun dang-sin-deul-eul al-at-eo-yo)

I knew <u>them</u>.
저는 <u>그들</u>을 알았어요.
(jeo-neun geu-deul-eul al-at-eo-yo)

23

connected speech

<u>알았어요</u>(알았어 -> 아라써)
a-la-sseo-yo

I knew _________. (past)
저는 _______을/를 알았어요.

I knew <u>you</u>.
저는 _________을 알았어요.
(jeo-neun dang-sin-eul al-at-eo-yo)

I knew <u>him</u>.
저는 _________를 알았어요.
(jeo-neun geu-reul al-at-eo-yo)

I knew <u>her</u>.
저는 _________를 알았어요.
(jeo-neun geu-nyeo-reul al-at-eo-yo)

I knew <u>it</u>.
저는 _________을 알았어요.
(jeo-neun geu-geot-eul al-at-eo-yo)

I knew <u>you</u>.
저는 _________을 알았어요.
(jeo-neun dang-sin-deul-eul al-at-eo-yo)

I knew <u>them</u>.
저는 _________을 알았어요.
(jeo-neun geu-deul-eul al-at-eo-yo)

24

I know the _________. (present)
저는 그 _______을/를 알아요.

I know the <u>person</u>.
저는 그 <u>사람</u>을 알아요.
(jeo-neun geu sa-ram-eul al-a-yo)

I know the <u>people</u>.
저는 그 <u>사람들</u>을 알아요.
(jeo-neun geu sa-ram-deul-eul al-a-yo)

I know the <u>singer</u>.
저는 그 <u>가수</u>를 알아요.
(jeo-neun geu ga-su-reul al-a-yo)

I know the <u>dog</u>.
저는 그 <u>개</u>를 알아요.
(jeo-neun geu gae-reul al-a-yo)

I know the <u>church</u>.
저는 그 <u>교회</u>를 알아요.
(jeo-neun geu gyo-hwe-reul al-a-yo)

I know the <u>building</u>.
저는 그 <u>건물</u>을 알아요.
(jeo-neun geu geon-mul-eul al-a-yo)

25

connected speech

사람을(람을 -> 라믈)
sa-ra-meul
사람들을(들을 -> 드를)
sa-ram-deu-leul
건물을(물을 -> 무를)
geon-mu-leul

I know the ________. (present)

저는 그 ______을/를 알아요.

I know the <u>person</u>.

저는 그 ________을 알아요.

(jeo-neun geu sa-ram-eul al-a-yo)

I know the <u>people</u>.

저는 그 ________을 알아요.

(jeo-neun geu sa-ram-deul-eul al-a-yo)

I know the <u>singer</u>.

저는 그 ________를 알아요.

(jeo-neun geu ga-su-reul al-a-yo)

I know the <u>dog</u>.

저는 그 ________를 알아요.

(jeo-neun geu gae-reul al-a-yo)

I know the <u>church</u>.

저는 그 ________를 알아요.

(jeo-neun geu gyo-hwe-reul al-a-yo)

I know the <u>building</u>.

저는 그 ________을 알아요.

(jeo-neun geu geon-mul-eul al-a-yo)

I knew the __________. (past)

저는 그 _______을/를 알았어요.

I knew the <u>person</u>.
저는 그 <u>사람</u>을 알았어요.
(jeo-neun geu sa-ram-eul al-at-eo-yo)

I knew the <u>people</u>.
저는 그 <u>사람들</u>을 알았어요.
(jeo-neun geu sa-ram-deul-eul al-at-eo-yo)

I knew the <u>singer</u>.
저는 그 <u>가수</u>를 알았어요.
(jeo-neun geu ga-su-reul al-at-eo-yo)

I knew the <u>dog</u>.
저는 그 <u>개</u>를 알았어요.
(jeo-neun geu gae-reul al-at-eo-yo)

I knew the <u>church</u>.
저는 그 <u>교회</u>를 알았어요.
(jeo-neun geu gyo-hwe-reul al-at-eo-yo)

I knew the <u>building</u>.
저는 그 <u>건물</u>을 알았어요.
(jeo-neun geu geon-mul-eul al-at-eo-yo)

27

I knew the __________. (past)

저는 그 _______을/를 알았어요.

I knew the <u>person</u>.

저는 그 _______을 알았어요.

(jeo-neun geu sa-ram-eul al-at-eo-yo)

I knew the <u>people</u>.

저는 그 __________을 알았어요.

(jeo-neun geu sa-ram-deul-eul al-at-eo-yo)

I knew the <u>singer</u>.

저는 그 _______를 알았어요.

(jeo-neun geu ga-su-reul al-at-eo-yo)

I knew the <u>dog</u>.

저는 그 _______를 알았어요.

(jeo-neun geu gae-reul al-at-eo-yo)

I knew the <u>church</u>.

저는 그 _______를 알았어요.

(jeo-neun geu gyo-hwe-reul al-at-eo-yo)

I knew the <u>building</u>.

저는 그 _______을 알았어요.

(jeo-neun geu geon-mul-eul al-at-eo-yo)

I know the _________. (present)

저는 그 _______을/를 알아요.

I know the <u>food</u>.
저는 그 <u>음식</u>을 알아요.
(jeo-neun geu eum-sik-eul al-a-yo)

I know the <u>subject</u>.
저는 그 <u>과목</u>을 알아요.
(jeo-neun geu gwa-mok-eul al-a-yo)

I know the <u>movie</u>.
저는 그 <u>영화</u>를 알아요.
(jeo-neun geu yeong-hwa-reul al-a-yo)

I know the <u>country</u>.
저는 그 <u>나라</u>를 알아요.
(jeo-neun geu na-ra-reul al-a-yo)

I know the <u>place</u>.
저는 그 <u>장소</u>를 알아요.
(jeo-neun geu jang-so-reul al-a-yo)

I know the <u>school</u>.
저는 그 <u>학교</u>를 알아요.
(jeo-neun geu hak-gyo-reul al-a-yo)

29

connected speech

음식을(심을 -> 시글)
eum-si-geul
과목을(목을 -> 모글)
gwa-mo-geul
학교를(학교 -> 하꾜)
ha-ggyo-leul

I know the _________. (present)

저는 그 _______을/를 알아요.

I know the <u>food</u>.

저는 그 _________을 알아요.

(jeo-neun geu eum-sik-eul al-a-yo)

I know the <u>subject</u>.

저는 그 _________을 알아요.

(jeo-neun geu gwa-mok-eul al-a-yo)

I know the <u>movie</u>.

저는 그 _________를 알아요.

(jeo-neun geu yeong-hwa-reul al-a-yo)

I know the <u>country</u>.

저는 그 _________를 알아요.

(jeo-neun geu na-ra-reul al-a-yo)

I know the <u>place</u>.

저는 그 _________를 알아요.

(jeo-neun geu jang-so-reul al-a-yo)

I know the <u>school</u>.

저는 그 _________를 알아요.

(jeo-neun geu hak-gyo-reul al-a-yo)

I knew the __________. (past)

저는 그 ______을/를 알았어요.

I knew the <u>food</u>.
저는 그 음식을 알았어요.
(jeo-neun geu eum-sik-eul al-at-eo-yo)

I knew the <u>subject</u>.
저는 그 과목을 알았어요.
(jeo-neun geu gwa-mok-eul al-at-eo-yo)

I knew the <u>movie</u>.
저는 그 영화를 알았어요.
(jeo-neun geu yeong-hwa-reul al-at-eo-yo)

I knew the <u>country</u>.
저는 그 나라를 알았어요.
(jeo-neun geu na-ra-reul al-at-eo-yo)

I knew the <u>place</u>.
저는 그 장소를 알았어요.
(jeo-neun geu jang-so-reul al-at-eo-yo)

I knew the <u>school</u>.
저는 그 학교를 알았어요.
(jeo-neun geu hak-gyo-reul al-at-eo-yo)

I knew the _________. (past)
저는 그 _______을/를 알았어요.

I knew the <u>food</u>.
저는 그 _________을 알았어요.
(jeo-neun geu eum-sik-eul al-at-eo-yo)

I knew the <u>subject</u>.
저는 그 _________을 알았어요.
(jeo-neun geu gwa-mok-eul al-at-eo-yo)

I knew the <u>movie</u>.
저는 그 _________를 알았어요.
(jeo-neun geu yeong-hwa-reul al-at-eo-yo)

I knew the <u>country</u>.
저는 그 _________를 알았어요.
(jeo-neun geu na-ra-reul al-at-eo-yo)

I knew the <u>place</u>.
저는 그 _________를 알았어요.
(jeo-neun geu jang-so-reul al-at-eo-yo)

I knew the <u>school</u>.
저는 그 _________를 알았어요.
(jeo-neun geu hak-gyo-reul al-at-eo-yo)

32

<table><tr><td>I buy _________. (present)
저는 ______을/를 사요.</td></tr></table>

I buy <u>a flower</u>.
저는 <u>꽃</u>을 사요.

(jeo-neun ggot-eul sa-yo)

I buy <u>a bag</u>.
저는 <u>가방</u>을 사요.

(jeo-neun ga-bang-eul sa-yo)

I buy <u>socks</u>.
저는 <u>양말</u>을 사요.

(jeo-neun yang-mal-eul sa-yo)

I buy <u>gloves</u>.
저는 <u>장갑</u>을 사요.

(jeo-neun jang-gab-eul sa-yo)

I buy <u>a wallet</u>.
저는 <u>지갑</u>을 사요.

(jeo-neun ji-gab-eul sa-yo)

I buy <u>bread</u>.
저는 <u>빵</u>을 사요.

(jeo-neun bbang-eul sa-yo)

33

<table><tr><td>connected speech

꽃을(꽃을 -> 꼬츨)
<u>ggo-cheul</u>
양말을(말을 -> 마를)
<u>yang-ma-leul</u>
장갑을(갑을 -> 가블)
<u>jang-ga-beul</u>
지갑을(갑을 -> 가블)
<u>ji-ga-beul</u></td></tr></table>

I buy _________. (present)
저는 ______을/를 사요.

I buy <u>a flower</u>.

저는 _________을 사요.

(jeo-neun ggot-eul sa-yo)

I buy <u>a bag</u>.

저는 _________을 사요.

(jeo-neun ga-bang-eul sa-yo)

I buy <u>socks</u>.

저는 _________을 사요.

(jeo-neun yang-mal-eul sa-yo)

I buy <u>gloves</u>.

저는 _________을 사요.

(jeo-neun jang-gab-eul sa-yo)

I buy <u>a wallet</u>.

저는 _________을 사요.

(jeo-neun ji-gab-eul sa-yo)

I buy <u>bread</u>.

저는 _________을 사요.

(jeo-neun bbang-eul sa-yo)

I bought _______. (past)
저는 ______을/를 샀어요.

I bought a flower.
저는 꽃을 샀어요.
(jeo-neun ggot-eul sat-eo-yo)

I bought a bag.
저는 가방을 샀어요.
(jeo-neun ga-bang-eul sat-eo-yo)

I bought socks.
저는 양말을 샀어요.
(jeo-neun yang-mal-eul sat-eo-yo)

I bought gloves.
저는 장갑을 샀어요.
(jeo-neun jang-gab-eul sat-eo-yo)

I bought a wallet.
저는 지갑을 샀어요.
(jeo-neun ji-gab-eul sat-eo-yo)

I bought bread.
저는 빵을 샀어요.
(jeo-neun bbang-eul sat-eo-yo)

35

connected speech

샀어요(샀어 -> 사써)
sa-sseo-yo

I bought _______. (past)

저는 _______을/를 샀어요.

I bought a flower.
저는 _______을 샀어요.
(jeo-neun ggot-eul sat-eo-yo)

I bought a bag.
저는 _______을 샀어요.
(jeo-neun ga-bang-eul sat-eo-yo)

I bought socks.
저는 _______을 샀어요.
(jeo-neun yang-mal-eul sat-eo-yo)

I bought gloves.
저는 _______을 샀어요.
(jeo-neun jang-gab-eul sat-eo-yo)

I bought a wallet.
저는 _______을 샀어요.
(jeo-neun ji-gab-eul sat-eo-yo)

I bought bread.
저는 _______을 샀어요.
(jeo-neun bbang-eul sat-eo-yo)

36

I buy ________. (present)

저는 ______을/를 사요.

I buy <u>some water</u>.

저는 <u>물</u>을 사요.

(jeo-neun mul-eul sa-yo)

I buy <u>a skirt</u>.

저는 <u>치마</u>를 사요.

(jeo-neun chi-ma-reul sa-yo)

I buy <u>pants</u>.

저는 <u>바지</u>를 사요.

(jeo-neun ba-ji-reul sa-yo)

I buy <u>a car</u>.

저는 <u>차</u>를 사요.

(jeo-neun cha-reul sa-yo)

I buy <u>a necklace</u>.

저는 <u>목걸이</u>를 사요.

(jeo-neun mok-geor-i-reul sa-yo)

I buy <u>a ring</u>.

저는 <u>반지</u>를 사요.

(jeo-neun ban-ji-reul sa-yo)

connected speech

물을(물을 -> 무를)

mu-leul

목걸이를(목걸이를 -> 모꺼리)

mo-ggeo-ri-leul

| I buy _________. (present) |
| 저는 _______을/를 사요. |

I buy <u>some water</u>.
저는 _______을 사요.
(jeo-neun mul-eul sa-yo)

I buy <u>a skirt</u>.
저는 _________를 사요.
(jeo-neun chi-ma-reul sa-yo)

I buy <u>pants</u>.
저는 ________를 사요.
(jeo-neun ba-ji-reul sa-yo)

I buy <u>a car</u>.
저는 ________를 사요.
(jeo-neun cha-reul sa-yo)

I buy <u>a necklace</u>.
저는 _________를 사요.
(jeo-neun mok-geor-i-reul sa-yo)

I buy <u>a ring</u>.
저는 ________를 사요.
(jeo-neun ban-ji-reul sa-yo)

I bought _______. (past)

저는 ______을/를 샀어요.

I bought <u>some water</u>.

저는 <u>물</u>을 샀어요.

(jeo-neun mul-eul sat-eo-yo)

I bought <u>a skirt</u>.

저는 <u>치마</u>를 샀어요.

(jeo-neun chi-ma-reul sat-eo-yo)

I bought <u>pants</u>.

저는 <u>바지</u>를 샀어요.

(jeo-neun ba-ji-reul sat-eo-yo)

I bought <u>a car</u>.

저는 <u>차</u>를 샀어요.

(jeo-neun cha-reul sat-eo-yo)

I bought <u>a necklace</u>.

저는 <u>목걸이</u>를 샀어요.

(jeo-neun mok-geor-i-reul sat-eo-yo)

I bought <u>a ring</u>.

저는 <u>반지</u>를 샀어요.

(jeo-neun ban-ji-reul sat-eo-yo)

39

I bought _________. (past)
저는 _______을/를 샀어요.

I bought some water.
저는 _______을 샀어요.
(jeo-neun mul-eul sat-eo-yo)

I bought a skirt.
저는 _______를 샀어요.
(jeo-neun chi-ma-reul sat-eo-yo)

I bought pants.
저는 _______를 샀어요.
(jeo-neun ba-ji-reul sat-eo-yo)

I bought a car.
저는 _______를 샀어요.
(jeo-neun cha-reul sat-eo-yo)

I bought a necklace.
저는 _______를 샀어요.
(jeo-neun mok-geor-i-reul sat-eo-yo)

I bought a ring.
저는 _______를 샀어요.
(jeo-neun ban-ji-reul sat-eo-yo)

I bring _________. (present)
저는 _______을/를 가져와요.

I bring <u>a bike</u>.
저는 <u>자전거</u>를 가져와요.
(jeo-neun ja-jeon-geo-reul ga-jeo-wa-yo)

I bring <u>a cap/hat</u>.
저는 <u>모자</u>를 가져와요.
(jeo-neun mo-ja-reul ga-jeo-wa-yo)

I bring <u>an eraser</u>.
저는 <u>지우개</u>를 가져와요.
(jeo-neun ji-u-gae-reul ga-jeo-wa-yo)

I bring <u>a pencil</u>.
저는 <u>연필</u>을 가져와요.
(jeo-neun yeon-pil-eul ga-jeo-wa-yo)

I bring <u>a dish</u>.
저는 <u>접시</u>를 가져와요.
(jeo-neun jeop-si-reul ga-jeo-wa-yo)

I bring <u>a pot</u>.
저는 <u>냄비</u>를 가져와요.
(jeo-neun naem-bi-reul ga-jeo-wa-yo)

41

connected speech

연필을(뼌울 -> 피를)
yeon-pi-leul

I bring __________. (present)
저는 _______을/를 가져와요.

I bring <u>a bike</u>.

저는 __________를 가져와요.

(jeo-neun ja-jeon-geo-reul ga-jeo-wa-yo)

I bring <u>a cap/hat</u>.

저는 __________를 가져와요.

(jeo-neun mo-ja-reul ga-jeo-wa-yo)

I bring <u>an eraser</u>.

저는 __________를 가져와요.

(jeo-neun ji-u-gae-reul ga-jeo-wa-yo)

I bring <u>a pencil</u>.

저는 __________을 가져와요.

(jeo-neun yeon-pil-eul ga-jeo-wa-yo)

I bring <u>a dish</u>.

저는 __________를 가져와요.

(jeo-neun jeop-si-reul ga-jeo-wa-yo)

I bring <u>a pot</u>.

저는 __________를 가져와요.

(jeo-neun naem-bi-reul ga-jeo-wa-yo)

I brought _______. (past)
저는 _______을/를 가져왔어요.

I brought <u>a bike</u>.
저는 <u>자전거</u>를 가져왔어요.
(jeo-neun ja-jeon-geo-reul ga-jeo-wat-eo-yo)

I brought <u>a cap/hat</u>.
저는 <u>모자</u>를 가져왔어요.
(jeo-neun mo-ja-reul ga-jeo-wat-eo-yo)

I brought <u>an eraser</u>.
저는 <u>지우개</u>를 가져왔어요.
(jeo-neun ji-u-gae-reul ga-jeo-wat-eo-yo)

I brought <u>a pencil</u>.
저는 <u>연필</u>을 가져왔어요.
(jeo-neun yeon-pil-eul ga-jeo-wat-eo-yo)

I brought <u>a dish</u>.
저는 <u>접시</u>를 가져왔어요.
(jeo-neun jeop-si-reul ga-jeo-wat-eo-yo)

I brought <u>a pot</u>.
저는 <u>냄비</u>를 가져왔어요.
(jeo-neun naem-bi-reul ga-jeo-wat-eo-yo)

43

connected speech

가져<u>왔어요</u>(왔어 -> 와써)
ga-jeo-wa-sseo-yo

I brought __________. (past)

저는 _______을/를 가져왔어요.

I brought <u>a bike</u>.

저는 __________를 가져왔어요.

(jeo-neun ja-jeon-geo-reul ga-jeo-wat-eo-yo)

I brought <u>a cap/hat</u>.

저는 __________를 가져왔어요.

(jeo-neun mo-ja-reul ga-jeo-wat-eo-yo)

I brought <u>an eraser</u>.

저는 __________를 가져왔어요.

(jeo-neun ji-u-gae-reul ga-jeo-wat-eo-yo)

I brought <u>a pencil</u>.

저는 __________을 가져왔어요.

(jeo-neun yeon-pil-eul ga-jeo-wat-eo-yo)

I brought <u>a dish</u>.

저는 __________를 가져왔어요.

(jeo-neun joop-si-reul ga-jeo-wat-eo-yo)

I brought <u>a pot</u>.

저는 __________를 가져왔어요.

(jeo-neun naem-bi-reul ga-jeo-wat-eo-yo)

44

I bring _________. (present)

저는 ______을/를 가져와요.

I bring glasses.

저는 <u>안경</u>을 가져와요.

(jeo-neun an-gyeong-eul ga-jeo-wa-yo)

I bring a towel.

저는 <u>수건</u>을 가져와요.

(jeo-neun su-geon-eul ga-jeo-wa-yo)

I bring underwear.

저는 <u>속옷</u>을 가져와요.

(jeo-neun sog-ot-eul ga-jeo-wa-yo)

I bring a toothbrush.

저는 <u>칫솔</u>을 가져와요.

(jeo-neun chit-sol-eul ga-jeo-wa-yo)

I bring a toothpaste.

저는 <u>치약</u>을 가져와요.

(jeo-neun chi-yak-eul ga-jeo-wa-yo)

I bring soap.

저는 <u>비누</u>를 가져와요.

(jeo-neun bi-nu-reul ga-jeo-wa-yo)

45

---

connected speech

수건을(건을 -> 거늘)
su-geo-neul
속옷을(옷을 -> 소고슬)
so-go-seul
칫솔을(솔을 -> 치쏘를)
chi-sso-leul
치약을(약을 -> 야글)
chi-ya-geul

I bring _________. (present)
저는 _______을/를 가져와요.

I bring <u>glasses</u>.

저는 _________을 가져와요.

(jeo-neun an-gyeong-eul ga-jeo-wa-yo)

I bring <u>a towel</u>.

저는 _________을 가져와요.

(jeo-neun su-geon-eul ga-jeo-wa-yo)

I bring <u>underwear</u>.

저는 _________을 가져와요.

(jeo-neun sog-ot-eul ga-jeo-wa-yo)

I bring <u>a toothbrush</u>.

저는 _________을 가져와요.

(jeo-neun chit-sol-eul ga-jeo-wa-yo)

I bring <u>a toothpaste</u>.

저는 _________을 가져와요.

(jeo-neun chi-yak-eul ga-jeo-wa-yo)

I bring <u>soap</u>.

저는 _________를 가져와요.

(jeo-neun bi-nu-reul ga-jeo-wa-yo)

I brought <u>glasses</u>.
저는 <u>안경</u>을 가져왔어요.
(jeo-neun an-gyeong-eul ga-jeo-wat-eo-yo)

I brought <u>a towel</u>.
저는 <u>수건</u>을 가져왔어요.
(jeo-neun su-geon-eul ga-jeo-wat-eo-yo)

I brought <u>underwear</u>.
저는 <u>속옷</u>을 가져왔어요.
(jeo-neun sog-ot-eul ga-jeo-wat-eo-yo)

I brought <u>a toothbrush</u>.
저는 <u>칫솔</u>을 가져왔어요.
(jeo-neun chit-sol-eul ga-jeo-wat-eo-yo)

I brought <u>a toothpaste</u>.
저는 <u>치약</u>을 가져왔어요.
(jeo-neun chi-yak-eul ga-jeo-wat-eo-yo)

I brought <u>soap</u>.
저는 <u>비누</u>를 가져왔어요.
(jeo-neun bi-nu-reul ga-jeo-wat-eo-yo)

47

I brought <u>glasses</u>.
저는 _________을 가져왔어요.
(jeo-neun an-gyeong-eul ga-jeo-wat-eo-yo)

I brought <u>a towel</u>.
저는 _________을 가져왔어요.
(jeo-neun su-geon-eul ga-jeo-wat-eo-yo)

I brought <u>underwear</u>.
저는 _________을 가져왔어요.
(jeo-neun sog-ot-eul ga-jeo-wat-eo-yo)

I brought <u>a toothbrush</u>.
저는 _________을 가져왔어요.
(jeo-neun chit-sol-eul ga-jeo-wat-eo-yo)

I brought <u>a toothpaste</u>.
저는 _________을 가져왔어요.
(jeo-neun chi-yak-eul ga-jeo-wat-eo-yo)

I brought <u>soap</u>.
저는 _________를 가져왔어요.
(jeo-neun bi-nu-reul ga-jeo-wat-eo-yo)

48

I eat ________. (present)

저는 ______을/를 먹어요.

I eat <u>fruit</u>.

저는 <u>과일</u>을 먹어요.

(jeo-neun gwa-il-eul meok-eo-yo)

I eat <u>a grape</u>.

저는 <u>포도</u>를 먹어요.

(jeo-neun po-do-reul meok-eo-yo)

I eat <u>a strawberry</u>.

저는 <u>딸기</u>를 먹어요.

(jeo-neun ddar-gi-reul meok-eo-yo)

I eat <u>a sweet popato</u>.

저는 <u>고구마</u>를 먹어요.

(jeo-neun go-gu-ma-reul meok-eo-yo)

I eat <u>a potato</u>.

저는 <u>감자</u>를 먹어요.

(jeo-neun gam-ja-reul meok-eo-yo)

I eat <u>an onion</u>.

저는 <u>양파</u>를 먹어요.

(jeo-neun yang-pa-reul meok-eo-yo)

49

connected speech

과일을(일을 -> 이를)

gwa-i-leul

먹어요(먹어 -> 머거)

meo-geo-yo

I eat __________. (present)

저는 _______을/를 먹어요.

I eat <u>fruit</u>.

저는 _______을 먹어요.

(jeo-neun gwa-il-eul meok-eo-yo)

I eat <u>a grape</u>.

저는 _______를 먹어요.

(jeo-neun po-do-reul meok-eo-yo)

I eat <u>a strawberry</u>.

저는 _______를 먹어요.

(jeo-neun ddar-gi-reul meok-eo-yo)

I eat <u>a sweet popato</u>.

저는 _________를 먹어요.

(jeo-neun go-gu-ma-reul meok-eo-yo)

I eat <u>a potato</u>.

저는 _______를 먹어요.

(jeo-neun gam-ja-reul meok-eo-yo)

I eat <u>an onion</u>.

저는 _______를 먹어요.

(jeo-neun yang-pa-reul meok-eo-yo)

50

I ate _________. (past)
저는 ______을/를 먹었어요.

I ate <u>fruit</u>.
저는 <u>과일</u>을 먹었어요.
(jeo-neun gwa-il-eul meok-eot-eo-yo)

I ate <u>a grape</u>.
저는 <u>포도</u>를 먹었어요.
(jeo-neun po-do-reul meok-eot-eo-yo)

I ate <u>a strawberry</u>.
저는 <u>딸기</u>를 먹었어요.
(jeo-neun ddar-gi-reul meok-eot-eo-yo)

I ate <u>a sweet popato</u>.
저는 <u>고구마</u>를 먹었어요.
(jeo-neun go-gu-ma-reul meok-eot-eo-yo)

I ate <u>a potato</u>.
저는 <u>감자</u>를 먹었어요.
(jeo-neun gam-ja-reul meok-eot-eo-yo)

I ate <u>an onion</u>.
저는 <u>양파</u>를 먹었어요.
(jeo-neun yang-pa-reul meok-eot-eo-yo)

51

connected speech

먹었어요(먹엇어 -> 머거써)
meo-geo-sseo-yo

I ate _________. (past)
저는 _______을/를 먹었어요.

I ate <u>fruit</u>.
저는 _________을 먹었어요.
(jeo-neun gwa-il-eul meok-eot-eo-yo)

I ate <u>a grape</u>.
저는 _________를 먹었어요.
(jeo-neun po-do-reul meok-eot-eo-yo)

I ate <u>a strawberry</u>.
저는 _________를 먹었어요.
(jeo-neun ddar-gi-reul meok-eot-eo-yo)

I ate <u>a sweet popato</u>.
저는 __________를 먹었어요.
(jeo-neun go-gu-ma-reul meok-eot-eo-yo)

I ate <u>a potato</u>.
저는 _________를 먹었어요.
(jeo-neun gam-ja-reul meok-eot-eo-yo)

I ate <u>an onion</u>.
저는 _________를 먹었어요.
(jeo-neun yang-pa-reul meok-eot-eo-yo)

I eat _________. (present)

저는 ______을/를 먹어요.

I eat <u>meat</u>.
저는 <u>고기</u>를 먹어요.
(jeo-neun go-gi-reul meok-eo-yo)

I eat <u>milk</u>.
저는 <u>우유</u>를 먹어요.
(jeo-neun u-yu-reul meok-eo-yo)

I eat <u>a candy</u>.
저는 <u>사탕</u>을 먹어요.
(jeo-neun sa-tang-eul meok-eo-yo)

I eat <u>fish</u>.
저는 <u>생선</u>을 먹어요.
(jeo-neun saeng-seon-eul meok-eo-yo)

I eat <u>a mushroom</u>.
저는 <u>버섯</u>을 먹어요.
(jeo-neun beo-seot-eul meok-eo-yo)

I eat <u>an egg</u>.
저는 <u>계란</u>을 먹어요.
(jeo-neun gye-ran-eul meok-eo-yo)

53

connected speech

생선을(선을 -> 서늘)
saeng-seo-neul
버섯을(섯을 -> 서슬)
beo-seo-seul
계란을(란을 -> 라늘)
gye-ra-neul

I eat _________. (present)

저는 ______을/를 먹어요.

I eat <u>meat</u>.

저는 _________를 먹어요.

(jeo-neun go-gi-reul meok-eo-yo)

I eat <u>milk</u>.

저는 _________를 먹어요.

(jeo-neun u-yu-reul meok-eo-yo)

I eat <u>a candy</u>.

저는 _________을 먹어요.

(jeo-neun sa-tang-eul meok-eo-yo)

I eat <u>fish</u>.

저는 _________을 먹어요.

(jeo-neun saeng-seon-eul meok-eo-yo)

I eat <u>a mushroom</u>.

저는 _________을 먹어요.

(jeo-neun beo-seot-eul meok-eo-yo)

I eat <u>an egg</u>.

저는 _________을 먹어요.

(jeo-neun gye-ran-eul meok-eo-yo)

I ate <u>meat</u>.
저는 <u>고기</u>를 먹었어요.
(jeo-neun go-gi-reul meok-eot-eo-yo)

I ate <u>milk</u>.
저는 <u>우유</u>를 먹었어요.
(jeo-neun u-yu-reul meok-eot-eo-yo)

I ate <u>a candy</u>.
저는 <u>사탕</u>을 먹었어요.
(jeo-neun sa-tang-eul meok-eot-eo-yo)

I ate <u>fish</u>.
저는 <u>생선</u>을 먹었어요.
(jeo-neun saeng-seon-eul meok-eot-eo-yo)

I ate <u>a mushroom</u>.
저는 <u>버섯</u>을 먹었어요.
(jeo-neun beo-seot-eul meok-eot-eo-yo)

I ate <u>an egg</u>.
저는 <u>계란</u>을 먹었어요.
(jeo-neun gye-ran-eul meok-eot-eo-yo)

55

I ate _________. (past)
저는 _______을/를 먹었어요.

I ate <u>meat</u>.
저는 _______를 먹었어요.
(jeo-neun go-gi-reul meok-eot-eo-yo)

I ate <u>milk</u>.
저는 _______를 먹었어요.
(jeo-neun u-yu-reul meok-eot-eo-yo)

I ate <u>a candy</u>.
저는 _______을 먹었어요.
(jeo-neun sa-tang-eul meok-eot-eo-yo)

I ate <u>fish</u>.
저는 _______을 먹었어요.
(jeo-neun saeng-seon-eul meok-eot-eo-yo)

I ate <u>a mushroom</u>.
서는 _______을 먹었어요.
(jeo-neun beo-seot-eul meok-eot-eo-yo)

I ate <u>an egg</u>.
저는 _______을 먹었어요.
(jeo-neun gye-ran-eul meok-eot-eo-yo)

I study _________. (present)
저는 ______을/를 공부해요.

I study <u>music</u>.
저는 <u>음악</u>을 공부해요.
(jeo-neun eum-ak-eul gong-bu-hae-yo)

I study <u>art</u>.
저는 <u>미술</u>을 공부해요.
(jeo-neun mi-sul-eul gong-bu-hae-yo)

I study <u>science</u>.
저는 <u>과학</u>을 공부해요.
(jeo-neun gwa-hak-eul gong-bu-hae-yo)

I study <u>math</u>.
저는 <u>수학</u>을 공부해요.
(jeo-neun su-hak-eul meok-eo-yo)

I study <u>economics</u>.
저는 <u>경제학</u>을 공부해요.
(jeo-neun gyeong-je-hak-eul gong-bu-hae-yo)

I study <u>writing</u>.
저는 <u>작문</u>을 공부해요.
(jeo-neun jak-mun-eul gong-bu-hae-yo)

57

connected speech

음악을(음악을 -> 으마글)
eu-ma-geul
미술을(술을 -> 수를)
mi-su-leul
과학을(학을 -> 하글)
gwa-ha-geul

I study _________. (present)

저는 _______을/를 공부해요.

I study <u>music</u>.

저는 _________을 공부해요.

(jeo-neun eum-ak-eul gong-bu-hae-yo)

I study <u>art</u>.

저는 _________을 공부해요.

(jeo-neun mi-sul-eul gong-bu-hae-yo)

I study <u>science</u>.

저는 _________을 공부해요.

(jeo-neun gwa-hak-eul gong-bu-hae-yo)

I study <u>math</u>.

저는 _________을 공부해요.

(jeo-neun su-hak-eul gong-bu-hae-yo)

I study <u>economics</u>.

저는 __________을 공부해요.

(jeo-neun gyeong-je-hak-eul gong-bu-hae-yo)

I study <u>writing</u>.

저는 _________을 공부해요.

(jeo-neun jak-mun-eul gong-bu-hae-yo)

I studied __________. (past)

저는 ______을/를 공부했어요.

I studied <u>music</u>.
저는 <u>음악</u>을 공부했어요.
(jeo-neun eum-ak-eul gong-bu-haet-eo-yo)

I studied <u>art</u>.
저는 <u>미술</u>을 공부했어요.
(jeo-neun mi-sul-eul gong-bu-haet-eo-yo)

I studied <u>science</u>.
저는 <u>과학</u>을 공부했어요.
(jeo-neun gwa-hak-eul gong-bu-haet-eo-yo)

I studied <u>math</u>.
저는 <u>수학</u>을 공부했어요.
(jeo-neun su-hak-eul gong-bu-haet-eo-yo)

I studied <u>economics</u>.
저는 <u>경제학</u>을 공부했어요.
(jeo-neun gyeong-je-hak-eul gong-bu-haet-eo-yo)

I studied <u>writing</u>.
저는 <u>작문</u>을 공부했어요.
(jeo-neun jak-mun-eul gong-bu-haet-eo-yo)

59

connected speech

수학을(학을 -> 하글)
su-ha-geul
경제학을(학을 -> 하글)
gyeong-je-ha-geul
작문을(문을 -> 무늘)
jak-mu-neul

I studied _________. (past)

저는 _______을/를 공부했어요.

I studied music.
저는 _________을 공부했어요.
(jeo-neun eum-ak-eul gong-bu-haet-eo-yo)

I studied art.
저는 _________을 공부했어요.
(jeo-neun mi-sul-eul gong-bu-haet-eo-yo)

I studied science.
저는 _________을 공부했어요.
(jeo-neun gwa-hak-eul gong-bu-haet-eo-yo)

I studied math.
저는 _________을 공부했어요.
(jeo-neun su-hak-eul gong-bu-haet-eo-yo)

I studied economics.
지는 __________을 곰부했어요.
(jeo-neun gyeong-je-hak-eul gong-bu-haet-eo-yo)

I studied writing.
저는 _________을 공부했어요.
(jeo-neun jak-mun-eul gong-bu-haet-eo-yo)

60

I study _________. (present)

저는 ______을/를 공부해요.

I study <u>Korean</u>.

저는 <u>한국어</u>를 공부해요.

(jeo-neun han-gug-eo-reul gong-bu-hae-yo)

I study <u>English</u>.

저는 <u>영어</u>를 공부해요.

(jeo-neun young-eo-reul gong-bu-hae-yo)

I study <u>history</u>.

저는 <u>역사</u>를 공부해요.

(jeo-neun yeok-sa-reul gong-bu-hae-yo)

I study <u>geography</u>.

저는 <u>지리</u>를 공부해요.

(jeo-neun ji-ri-reul gong-bu-hae-yo)

I study <u>biology</u>.

저는 <u>생물학</u>을 공부해요.

(jeo-neun saeng-mul-hak-eul gong-bu-hae-yo)

I study <u>chemistry</u>.

저는 <u>화학</u>을 공부해요.

(jeo-neun hwa-hak-eul gong-bu-hae-yo)

61

connected speech

한국어(구어 -> 구거)
han-gu-geo
생물학을(학을 -> 하글)
saeng-mul-ha-geul
화학을(학을 -> 하글)
hwa-ha-geul

I study __________. (present)

저는 ______을/를 공부해요.

I study <u>Korean</u>.

저는 __________를 공부해요.

(jeo-neun han-gug-eo-reul gong-bu-hae-yo)

I study <u>English</u>.

저는 __________를 공부해요.

(jeo-neun young-eo-reul gong-bu-hae-yo)

I study <u>history</u>.

저는 __________를 공부해요.

(jeo-neun yeok-sa-reul gong-bu-hae-yo)

I study <u>geography</u>.

저는 __________를 공부해요.

(jeo-neun ji-ri-reul gong-bu-hae-yo)

I study <u>biology</u>.

저는 __________을 공부해요.

(jeo-neun saeng-mul-hak-eul gong-bu-hae-yo)

I study <u>chemistry</u>.

저는 __________을 공부해요.

(jeo-neun hwa-hak-eul gong-bu-hae-yo)

I studied <u>Korean</u>.
저는 <u>한국어</u>를 공부했어요.
(jeo-neun han-gug-eo-reul gong-bu-haet-eo-yo)

I studied <u>English</u>.
저는 <u>영어</u>를 공부했어요.
(jeo-neun young-eo-reul gong-bu-haet-eo-yo)

I studied <u>history</u>.
저는 <u>역사</u>를 공부했어요.
(jeo-neun yeok-sa-reul gong-bu-haet-eo-yo)

I studied <u>geography</u>.
저는 <u>지리</u>를 공부했어요.
(jeo-neun ji-ri-reul gong-bu-haet-eo-yo)

I studied <u>biology</u>.
저는 <u>생물학</u>을 공부했어요.
(jeo-neun saeng-mul-hak-eul gong-bu-haet-eo-yo)

I studied <u>chemistry</u>.
저는 <u>화학</u>을 공부했어요.
(jeo-neun hwa-hak-eul gong-bu-haet-eo-yo)

63

I studied __________. (past)
저는 ______을/를 공부<u>했어요</u>.

I studied <u>Korean</u>.
저는 __________를 공부했어요.
(jeo-neun han-gug-eo-reul gong-bu-haet-eo-yo)

I studied <u>English</u>.
저는 ________를 공부했어요.
(jeo-neun young-eo-reul gong-bu-haet-eo-yo)

I studied <u>history</u>.
저는 ________를 공부했어요.
(jeo-neun yeok-sa-reul gong-bu-haet-eo-yo)

I studied <u>geography</u>.
저는 ________를 공부했어요.
(jeo-neun ji-ri-reul gong-bu-haet-eo-yo)

I studied <u>biology</u>.
저는 __________을 공부했어요.
(jeo-neun saeng-mul-hak-eul gong-bu-haet-eo-yo)

I studied <u>chemistry</u>.
저는 ________을 공부했어요.
(jeo-neun hwa-hak-eul gong-bu-haet-eo-yo)

This is _________. (present)

이것은 ______이에(예)요.

This is <u>a flower</u>.
이것은 <u>꽃</u>이에요.
(i-geot-eun kkot-i-e-yo)

This is <u>salt</u>.
이것은 <u>소금</u>이에요.
(i-geot-eun so-geum-i-e-yo)

This is <u>sugar</u>.
이것은 <u>설탕</u>이에요.
(i-geot-eun seol-tang-i-e-yo)

This is <u>a table</u>.
이것은 <u>탁자</u>예요.
(i-geot-eun tak-ja-ye-yo)

This is <u>a chair</u>.
이것은 <u>의자</u>예요.
(i-geot-eun ui-ja-ye-yo)

This is <u>pepper</u>.
이것은 <u>후추</u>예요.
(i-geot-eun hu-chu-ye-yo)

65

connected speech

이것은(것은 -> 거슨)
i-geo-seun
꽃이(꽃이 -> 꼬치)
kko-chi

This is ________.
이것은 ______이에(예)요.

This is <u>a flower</u>.
이것은 ________이에요.
(i-geot-eun kkot-i-e-yo)

This is <u>salt</u>.
이것은 ________이에요.
(i-geot-eun so-geum-i-e-yo)

This is <u>sugar</u>.
이것은 ________이에요.
(i-geot-eun seol-tang-i-e-yo)

This is <u>a table</u>.
이것은 ________예요.
(i-geot-eun tak-ja-ye-yo)

This is <u>a chair</u>.
이것은 ________예요.
(i-geot-eun ui-ja-ye-yo)

This is <u>pepper</u>.
이것은 ________예요.
(i-geot-eun hu-chu-ye-yo)

This was _________. (past)
이것은 ______ 이었(였)어요.

This was a flower.
이것은 꽃이었어요.
(i-geot-eun kkot-i-eot-eo-yo)

This was salt.
이것은 소금이었어요.
(i-geot-eun so-geum-i-eot-eo-yo)

This was sugar.
이것은 설탕이었어요.
(i-geot-eun seol-tang-i-eot-eo-yo)

This was a table.
이것은 탁자였어요.
(i-geot-eun tak-ja-yeot-eo-yo)

This was a chair.
이것은 의자였어요.
(i-geot-eun ui-ja-yeot-eo-yo)

This was pepper.
이것은 후추였어요.
(i-geot-eun hu-chu-yeot-eo-yo)

67

connected speech

소금이에요(금이 -> 그미)
so-geu-mi-e-yo
탁자예요(탁자 -> 탁짜)
tak-jja-ye-yo

This was _________. (past)
이것은 _________ 이었(였)어요.

This was <u>a flower</u>.
이것은 _________이었어요.
(i-geot-eun kkot-i-eot-eo-yo)

This was <u>salt</u>.
이것은 _________이었어요.
(i-geot-eun so-geum-i-eot-eo-yo)

This was <u>sugar</u>.
이것은 _________이었어요.
(i-geot-eun seol-tang-i-eot-eo-yo)

This was <u>a table</u>.
이것은 _________였어요.
(i-geot-eun tak-ja-yeot-eo-yo)

This was <u>a chair</u>.
이것은 _________였어요.
(i-geot-eun ui-ja-yeot-eo-yo)

This was <u>pepper</u>.
이것은 _________였어요.
(i-geot-eun hu-chu-yeot-eo-yo)

68

This is _________. (present)

이것은 _____이에(예)요.

This is <u>a cushion</u>.
이것은 <u>방석</u>이에요.
(i-geot-eun bang-seok-i-e-yo)

This is <u>a knife</u>.
이것은 <u>칼</u>이에요.
(i-geot-eun kar-i-e-yo)

This is <u>a spoon</u>.
이것은 <u>숟가락</u>이에요.
(i-geot-eun sut-ga-rak-i-e-yo)

This is <u>a chopstick</u>.
이것은 <u>젓가락</u>이에요.
(i-geot-eun jeot-ga-rak-i-e-yo)

This is <u>a blanket</u>.
이것은 <u>이불</u>이에요.
(i-geot-eun i-bul-i-e-yo)

This is <u>a pot</u>.
이것은 <u>냄비</u>예요.
(i-geot-eun naem-bi-ye-yo)

69

connected speech

방석이(석이 -> 서기)
bang-<u>seo</u>-gi
칼이(칼이 -> 카리)
<u>ka-ri</u>
숟가락이에요(숟가락이 -> 수까라기)
<u>su-gga-ra-gi-e-yo</u>

This is _________. (present)

이것은 ______이에(예)요.

This is <u>a cushion</u>.

이것은 _________이에요.

(i-geot-eun bang-seok-i-e-yo)

This is <u>a knife</u>.

이것은 _________이에요.

(i-geot-eun kar-i-e-yo)

This is <u>a spoon</u>.

이것은 ___________이에요.

(i-geot-eun sut-ga-rak-i-e-yo)

This is <u>a chopstick</u>.

이것은 ___________이에요.

(i-geot-eun jeot-ga-rak-i-e-yo)

This is <u>a blanket</u>.

이것은 _________이에요.

(i-geot-eun i-bul-i-e-yo)

This is <u>a pot</u>.

이것은 _________예요.

(i-geot-eun naem-bi-ye-yo)

70

connected speech

젓가락이에요(젓가락이 -> 저까라기)

jeo-gga-ra-gi-e-yo

이불이(불이 -> 부리)

i-bu-ri

<table><tr><td>This was _________. (past)
이것은 ______ 이었(였)어요.</td></tr></table>

This was <u>a cushion</u>.
이것은 <u>방석</u>이었어요.
(i-geot-eun bang-seok-i-eot-eo-yo)

This was <u>a knife</u>.
이것은 <u>칼</u>이었어요.
(i-geot-eun kar-i-eot-eo-yo)

This was <u>a spoon</u>.
이것은 <u>숟가락</u>이었어요.
(i-geot-eun sut-ga-rak-i-eot-eo-yo)

This was <u>a chopstick</u>.
이것은 <u>젓가락</u>이었어요.
(i-geot-eun jeot-ga-rak-i-eot-eo-yo)

This was <u>a blanket</u>.
이것은 <u>이불</u>이었어요.
(i-geot-eun i-bul-i-eot-eo-yo)

This was <u>a pot</u>.
이것은 <u>냄비</u>였어요.
(i-geot-eun naem-bi-yeot-eo-yo)

71

This was _________. (past)
이것은 _____이었(였)어요.

This was <u>a cushion</u>.
이것은 _________이었어요.
(i-geot-eun bang-seok-i-eot-eo-yo)

This was <u>a knife</u>.
이것은 _______이었어요.
(i-geot-eun kar-i-eot-eo-yo)

This was <u>a spoon</u>.
이것은 _________이었어요.
(i-geot-eun sut-ga-rak-i-eot-eo-yo)

This was <u>a chopstick</u>.
이것은 _________이었어요.
(i-geot-eun jeot-ga-rak-i-eot-eo-yo)

This was <u>a blanket</u>.
이것은 _______이었어요.
(i-geot-eun i-bul-i-eot-eo-yo)

This was <u>a pot</u>.
이것은 _______였어요.
(i-geot-eun naem-bi-yeot-eo-yo)

72

That is _________. (present)
저것은 ______이에(예)요.

That is <u>a mirror</u>.
저것은 <u>거울</u>이에요.
(jeo-geot-eun geo-ul-i-e-yo)

That is <u>a plane</u>.
저것은 <u>비행기</u>예요.
(jeo-geot-eun bi-haeng-gi-ye-yo)

That is <u>a train</u>.
저것은 <u>기차</u>예요.
(jeo-geot-eun gi-cha-ye-yo)

That is <u>a ship</u>.
저것은 <u>배</u>예요.
(jeo-geot-eun bae-ye-yo)

That is <u>an earring</u>.
저것은 <u>귀걸이</u>예요.
(jeo-geot-eun gwi-geor-i-ye-yo)

That is <u>a watch/clock</u>.
저것은 <u>시계</u>예요.
(jeo-geot-eun si-gye-ye-yo)

73

connected speech

저것은(것은 -> 거슨)
jeo-geo-seun
거울이(울이 -> 우리)
geo-u-ri
귀걸이(걸이 -> 거리)
gwi-geo-ri

That is __________.
저것은 ______이에(예)요.

That is <u>a mirror</u>.
저것은 __________이에요.
(jeo-geot-eun geo-ul-i-e-yo)

That is <u>a plane</u>.
저것은 __________예요.
(jeo-geot-eun bi-haeng-gi-ye-yo)

That is <u>a train</u>.
저것은 __________예요.
(jeo-geot-eun gi-cha-ye-yo)

That is <u>a ship</u>.
저것은 __________예요.
(jeo-geot-eun bae-ye-yo)

That is <u>an earring</u>.
저것은 __________예요.
(jeo-geot-eun gwi-geor-i-ye-yo)

That is <u>a watch/clock</u>.
저것은 __________예요.
(jeo-geot-eun si-gye-ye-yo)

That was _________. (past)
저것은 _______이었(였)어요.

That was <u>a mirror</u>.
저것은 <u>거울</u>이었어요.
(jeo-geot-eun geo-ul-i-eot-eo-yo)

That was <u>a plane</u>.
저것은 <u>비행기</u>였어요.
(jeo-geot-eun bi-haeng-gi-yeot-eo-yo)

That was <u>a train</u>.
저것은 <u>기차</u>였어요.
(jeo-geot-eun gi-cha-yeot-eo-yo)

That was <u>a ship</u>.
저것은 <u>배</u>였어요.
(jeo-geot-eun bae-yeot-eo-yo)

That was <u>an earring</u>.
저것은 <u>귀걸이</u>였어요.
(jeo-geot-eun gwi-geor-i-yeot-eo-yo)

That was <u>a watch/clock</u>.
저것은 <u>시계</u>였어요.
(jeo-geot-eun si-gye-yeot-eo-yo)
75

That was <u>a mirror</u>.
저것은 _________이었어요.
(jeo-geot-eun geo-ul-i-eot-eo-yo)

That was <u>a plane</u>.
저것은 _________였어요.
(jeo-geot-eun bi-haeng-gi-yeot-eo-yo)

That was <u>a train</u>.
저것은 _________였어요.
(jeo-geot-eun gi-cha-yeot-eo-yo)

That was <u>a ship</u>.
저것은 _________였어요.
(jeo-geot-eun bae-yeot-eo-yo)

That was <u>an earring</u>.
저것은 _________였어요.
(jeo-geot-eun gwi-geor-i-yeot-eo-yo)

That was <u>a watch/clock</u>.
저것은 _________였어요.
(jeo-geot-eun si-gye-yeot-eo-yo)

76

That is __________. (present)

저것은 ______이에(예)요.

That is <u>a snake</u>.
저것은 <u>뱀</u>이에요.
(jeo-geot-eun baem-i-e-yo)

That is <u>a rat</u>.
저것은 <u>쥐</u>예요.
(jeo-geot-eun jwi-ye-yo)

That is <u>a rabbit</u>.
저것은 <u>토끼</u>예요.
(jeo-geot-eun to-ggi-ye-yo)

That is <u>an alligator</u>.
저것은 <u>악어</u>예요.
(jeo-geot-eun ag-eo-ye-yo)

That is <u>a fox</u>.
저것은 <u>여우</u>예요.
(jeo-geot-eun yeo-u-ye-yo)

That is <u>a lion</u>.
저것은 <u>사자</u>예요.
(jeo-geot-eun sa-ja-ye-yo)

77

connected speech

<u>뱀이에요</u>(뱀이 -> 배미)
<u>bae-mi-e-yo</u>
<u>악어예요</u>(악어 -> 아거)
<u>a-geo-ye-yo</u>

That is ________. (present)

저것은 ______이에(예)요.

That is <u>a snake</u>.
저것은 ________이에요.
(jeo-geot-eun baem-i-e-yo)

That is <u>a rat</u>.
저것은 ________예요.
(jeo-geot-eun jwi-ye-yo)

That is <u>a rabbit</u>.
저것은 ________예요.
(jeo-geot-eun to-ggi-ye-yo)

That is <u>an alligator</u>.
저것은 ________예요.
(jeo-geot-eun ag-eo-ye-yo)

That is <u>a fox</u>.
저것은 ________예요.
(jeo-geot-eun yeo-u-ye-yo)

That is <u>a lion</u>.
저것은 ________예요.
(jeo-geot-eun sa-ja-ye-yo)

That was __________. (past)

저것은 ______이었(였)어요.

That was <u>a snake</u>.
저것은 <u>뱀</u>이었어요.
(jeo-geot-eun baem-i-eot-eo-yo)

That was <u>a rat</u>.
저것은 <u>쥐</u>였어요.
(jeo-geot-eun jwi-yeot-eo-yo)

That was <u>a rabbit</u>.
저것은 <u>토끼</u>였어요.
(jeo-geot-eun to-ggi-yeot-eo-yo)

That was <u>an alligator</u>.
저것은 <u>악어</u>였어요.
(jeo-geot-eun ag-eo-yeot-eo-yo)

That was <u>a fox</u>.
저것은 <u>여우</u>였어요.
(jeo-geot-eun yeo-u-yeot-eo-yo)

That was <u>a lion</u>.
저것은 <u>사자</u>였어요.
(jeo-geot-eun sa-ja-yeot-eo-yo)

79

That was <u>a snake</u>.
저것은 ______이었어요.
(jeo-geot-eun baem-i-eot-eo-yo)

That was <u>a rat</u>.
저것은 ______였어요.
(jeo-geot-eun jwi-yeot-eo-yo)

That was <u>a rabbit</u>.
저것은 ______였어요.
(jeo-geot-eun to-ggi-yeot-eo-yo)

That was <u>an alligator</u>.
저것은 ______였어요.
(jeo-geot-eun ag-eo-yeot-eo-yo)

That was <u>a fox</u>.
저것은 ______였어요.
(jeo-geot-eun yeo-u-yeot-eo-yo)

That was <u>a lion</u>.
저것은 ______였어요.
(jeo-geot-eun sa-ja-yeot-eo-yo)

80

It is _________. (present)

그것은 _____이에(예)요.

It is <u>a towel</u>.

그것은 <u>수건</u>이에요.

(geu-geot-eun su-geon-i-e-yo)

It is <u>a stone</u>.

그것은 <u>돌</u>이에요.

(geu-geot-eun dol-i-e-yo)

It is <u>a ball</u>.

그것은 <u>공</u>이에요.

(geu-geot-eun gong-i-e-yo)

It is <u>sand</u>.

그것은 <u>모래</u>예요.

(geu-geot-eun mo-rae-ye-yo)

It is <u>a tree</u>.

그것은 <u>나무</u>예요.

(geu-geot-eun na-mu-ye-yo)

They are <u>shorts</u>.

그것은 <u>반바지</u>예요.

(geu-geot-eun ban-ba-ji-ye-yo)

81

connected speech

그것은(것은 -> 거슨)
geu-geo-seun
수건이에요(건이 -> 거니)
su-geo-ni-e-yo
돌이에요(돌이 -> 도리)
do-ri-e-yo

It is _________.

그것은 ______이에(예)요.

It is <u>a towel</u>.

그것은 _________이에요.

(geu-geot-eun su-geon-i-e-yo)

It is <u>a stone</u>.

그것은 _________이에요.

(geu-geot-eun dol-i-e-yo)

It is <u>a ball</u>.

그것은 _________이에요.

(geu-geot-eun gong-i-e-yo)

It is <u>sand</u>.

그것은 _________예요.

(geu-geot-eun mo-rae-ye-yo)

It is <u>a tree</u>.

그것은 _________예요.

(geu-geot-eun na-mu-ye-yo)

They are <u>shorts</u>.

그것은 __________예요.

(geu-geot-eun ban-ba-ji-ye-yo)

It was _________. (past)
그것은 _____ 이었(였)어요.

It was <u>a towel</u>.
그것은 <u>수건</u>이었어요.
(geu-geot-eun su-geon-i-eot-eo-yo)

It was <u>a stone</u>.
그것은 <u>돌</u>이었어요.
(geu-geot-eun dol-i-eot-eo-yo)

It was <u>a ball</u>.
그것은 <u>공</u>이었어요.
(geu-geot-eun gong-i-eot-eo-yo)

It was <u>sand</u>.
그것은 <u>모래</u>였어요.
(geu-geot-eun mo-rae-yeot-eo-yo)

It was <u>a tree</u>.
그것은 <u>나무</u>였어요.
(geu-geot-eun na-mu-yeot-eo-yo)

They were <u>shorts</u>.
그것은 <u>반바지</u>였어요.
(geu-geot-eun ban-ba-ji-yeot-eo-yo)

83

It was __________. (past)

그것은 _______이었(였)어요.

It **was** <u>a towel</u>.

그것은 _________이었어요.

(geu-geot-eun su-geon-i-eot-eo-yo)

It **was** <u>a stone</u>.

그것은 _______이었어요.

(geu-geot-eun dol-i-eot-eo-yo)

It **was** <u>a ball</u>.

그것은 _______이었어요.

(geu-geot-eun gong-i-eot-eo-yo)

It **was** <u>sand</u>.

그것은 _________였어요.

(geu-geot-eun mo-rae-yeot-eo-yo)

It **was** <u>a tree</u>.

그것은 _________였어요.

(geu-geot-eun na-mu-yeot-eo-yo)

They **were** <u>shorts</u>.

그것은 __________였어요.

(geu-geot-eun ban-ba-ji-yeot-eo-yo)

84

It is __________. (present)

그것은 ______이에(예)요.

It is <u>grass</u>.
그것은 <u>풀</u>이에요.
(geu-geot-eun pur-i-e-yo)

It is <u>a cloud</u>.
그것은 <u>구름</u>이에요.
(geu-geot-eun gu-reum-i-e-yo)

It is <u>money</u>.
그것은 <u>돈</u>이에요.
(geu-geot-eun don-i-e-yo)

It is <u>a present/gift</u>.
그것은 <u>선물</u>이에요.
(geu-geot-eun seon-mul-i-e-yo)

It is <u>a clock/watch</u>.
그것은 <u>시계</u>예요.
(geu-geot-eun si-gye-ye-yo)

It is <u>a letter</u>.
그것은 <u>편지</u>예요.
(geu-geot-eun pyeon-ji-ye-yo)

85

connected speech

풀이에요(풀이 -> 푸리)
pu-ri-e-yo
구름이에요(름이 -> 르미)
gu-reu-mi-e-yo

It is ________. (present)
그것은 ______이에(예)요.

It is <u>grass</u>.
그것은 ________이에요.
(geu-geot-eun pur-i-e-yo)

It is <u>a cloud</u>.
그것은 ________이에요.
(geu-geot-eun gu-reum-i-e-yo)

It is <u>money</u>.
그것은 ________이에요.
(geu-geot-eun don-i-e-yo)

It is <u>a present/gift</u>.
그것은 ________이에요.
(geu-geot-eun seon-mul-i-e-yo)

It is <u>a clock/watch</u>.
그것은 ________예요.
(geu-geot-eun si-gye-ye-yo)

It is <u>a letter</u>.
그것은 ________예요.
(geu-geot-eun pyeon-ji-ye-yo)

It was __________. (past)
그것은 ______ 이었(였)어요.

It was <u>grass</u>.
그것은 풀이었어요.
(geu-geot-eun pur-i-eot-eo-yo)

It was <u>a cloud</u>.
그것은 <u>구름</u>이었어요.
(geu-geot-eun gu-reum-i-eot-eo-yo)

It was <u>money</u>.
그것은 <u>돈</u>이었어요.
(geu-geot-eun don-i-eot-eo-yo)

It was <u>a present/gift</u>.
그것은 <u>선물</u>이었어요.
(geu-geot-eun seon-mul-i-eot-eo-yo)

It was <u>a clock/watch</u>.
그것은 <u>시계</u>였어요.
(geu-geot-eun si-gye-yeot-eo-yo)

It was <u>a letter</u>.
그것은 <u>편지</u>였어요.
(geu-geot-eun pyeon-ji-yeot-eo-yo)
87

connected speech

돈이에요(돈이 -> 도니)
do-ni-e-yo
선물이에요(물이 -> 무리)
seon-mu-ri-e-yo

It was ________. (past)

그것은 ______ 이었(였)어요.

It was <u>grass</u>.
그것은 ________이었어요.
(geu-geot-eun pur-i-eot-eo-yo)

It was <u>a cloud</u>.
그것은 ________이었어요.
(geu-geot-eun gu-reum-i-eot-eo-yo)

It was <u>money</u>.
그것은 ________이었어요.
(geu-geot-eun don-i-eot-eo-yo)

It was <u>a present/gift</u>.
그것은 ________이었어요.
(geu-geot-eun seon-mul-i-eot-eo-yo)

It was <u>a clock/watch</u>.
그것은 ________였어요.
(geu-geot-eun si-gye-yeot-eo-yo)

It was <u>a letter</u>.
그것은 ________였어요.
(geu-geot-eun pyeon-ji-yeot-eo-yo)

88

It's ________. (present)
그것은 ______이에요.

It's <u>green</u>.
그것은 <u>초록색</u>이에요.
(geu-geot-eun cho-rok-saek-i-e-yo)

It's <u>blue</u>.
그것은 <u>파란색</u>이에요.
(geu-geot-eun pa-ran-saek-i-e-yo)

It's <u>red</u>.
그것은 <u>빨간색</u>이에요.
(geu-geot-eun bbal-gan-saek-i-e-yo)

It's <u>yellow</u>.
그것은 <u>노란색</u>이에요.
(geu-geot-eun no-ran-saek-i-e-yo)

It's <u>pink</u>.
그것은 <u>분홍색</u>이에요.
(geu-geot-eun bun-hong-saek-i-e-yo)

It's <u>orange</u>.
그것은 <u>주황색</u>이에요.
(geu-geot-eun ju-hwang-saek-i-e-yo)

connected speech

초록색이에요(색이 -> 새기)
cho-rok-sae-gi-e-yo

It's _________. (present)

그것은 _______이에요.

It's <u>green</u>.

그것은 _________이에요.

(geu-geot-eun cho-rok-saek-i-e-yo)

It's <u>blue</u>.

그것은 _________이에요.

(geu-geot-eun pa-ran-saek-i-e-yo)

It's <u>red</u>.

그것은 _________이에요.

(geu-geot-eun bbal-gan-saek-i-e-yo)

It's <u>yellow</u>.

그것은 _________이에요.

(geu-geot-eun no-ran-saek-i-e-yo)

It's <u>pink</u>.

그것은 _________이에요.

(geu-geot-eun bun-hong-saek-i-e-yo)

It's <u>orange</u>.

그것은 _________이에요.

(geu-geot-eun ju-hwang-saek-i-e-yo)

It was __________. (past)
그것은 __________ 이었(였)어요.

It was green.
그것은 <u>초록색</u>이었어요.
(geu-geot-eun cho-rok-saek-i-eot-eo-yo)

It was blue.
그것은 <u>파란색</u>이었어요.
(geu-geot-eun pa-ran-saek-i-eot-eo-yo)

It was red.
그것은 <u>빨간색</u>이었어요.
(geu-geot-eun bbal-gan-saek-i-eot-eo-yo)

It was yellow.
그것은 <u>노란색</u>이었어요.
(geu-geot-eun no-ran-saek-i-eot-eo-yo)

It was pink.
그것은 <u>분홍색</u>이었어요.
(geu-geot-eun bun-hong-saek-i-eot-eo-yo)

It was orange.
그것은 <u>주황색</u>이었어요.
(geu-geot-eun ju-hwang-saek-i-eot-eo-yo)

It was __________. (past)
그것은 __________이었(였)어요.

It was <u>green</u>.
그것은 __________이었어요.
(geu-geot-eun cho-rok-saek-i-eot-eo-yo)

It was <u>blue</u>.
그것은 __________이었어요.
(geu-geot-eun pa-ran-saek-i-eot-eo-yo)

It was <u>red</u>.
그것은 __________이었어요.
(geu-geot-eun bbal-gan-saek-i-eot-eo-yo)

It was <u>yellow</u>.
그것은 __________이었어요.
(geu-geot-eun no-ran-saek-i-eot-eo-yo)

It was <u>pink</u>.
그것은 __________이었어요.
(geu-geot-eun bun-hong-saek-i-eot-eo-yo)

It was <u>orange</u>.
그것은 __________이었어요.
(geu-geot-eun ju-hwang-saek-i-eot-eo-yo)

<table>
<tr><td>It's _______. (present)
그것은 _______이에요.</td></tr>
</table>

It's <u>grey</u>.
그것은 <u>회색</u>이에요.
(geu-geot-eun hoe-saek-i-e-yo)

It's <u>purple</u>.
그것은 <u>보라색</u>이에요.
(geu-geot-eun bo-ra-saek-i-e-yo)

It's <u>white</u>.
그것은 <u>흰색</u>이에요.
(geu-geot-eun hin-saek-i-e-yo)

It's <u>black</u>.
그것은 <u>검은색</u>이에요.
(geu-geot-eun geom-eun-saek-i-e-yo)

It's <u>sky-blue</u>.
그것은 <u>하늘색</u>이에요.
(geu-geot-eun ha-neul-saek-i-e-yo)

It's <u>brown</u>.
그것은 <u>갈색</u>이에요.
(geu-geot-eun gal-saek-i-e-yo)

93

connected speech

검은색이에요(검은색이 -> 거믄새기)
geo-meun-sae-gi-e-yo

It's _________. (present)

그것은 _______이에요.

It's <u>grey</u>.

그것은 _________이에요.

(geu-geot-eun hoe-saek-i-e-yo)

It's <u>purple</u>.

그것은 ___________이에요.

(geu-geot-eun bo-ra-saek-i-e-yo)

It's <u>white</u>.

그것은 _________이에요.

(geu-geot-eun hin-saek-i-e-yo)

It's <u>black</u>.

그것은 ___________이에요.

(geu-geot-eun geom-eun-saek-i-e-yo)

It's <u>sky-blue</u>.

그것은 ___________이에요.

(geu-geot-eun ha-neul-saek-i-e-yo)

It's <u>brown</u>.

그것은 l________이에요.

(geu-geot-eun gal-saek-i-e-yo)

94

It was _________. (past)
그것은 _________ 이었(였)어요.

It was <u>grey</u>.
그것은 회색이었어요.
(geu-geot-eun hoe-saek-i-eot-eo-yo)

It was <u>purple</u>.
그것은 보라색이었어요.
(geu-geot-eun bo-ra-saek-i-eot-eo-yo)

It was <u>white</u>.
그것은 흰색이었어요.
(geu-geot-eun hin-saek-i-eot-eo-yo)

It was <u>black</u>.
그것은 검은색이었어요.
(geu-geot-eun geom-eun-saek-i-eot-eo-yo)

It was <u>sky-blue</u>.
그것은 하늘색이었어요.
(geu-geot-eun ha-neul-saek-i-eot-eo-yo)

It was <u>brown</u>.
그것은 갈색이었어요.
(geu-geot-eun gal-saek-i-eot-eo-yo)

95

It was <u>grey</u>.
그것은 _________이었어요.
(geu-geot-eun hoe-saek-i-eot-eo-yo)

It was <u>purple</u>.
그것은 _________이었어요.
(geu-geot-eun bo-ra-saek-i-eot-eo-yo)

It was <u>white</u>.
그것은 _________이었어요.
(geu-geot-eun hin-saek-i-eot-eo-yo)

It was <u>black</u>.
그것은 _________이었어요.
(geu-geot-eun geom-eun-saek-i-eot-eo-yo)

It was <u>sky-blue</u>.
그것은 _________이었어요.
(geu-geot-eun ha-neul-saek-i-eot-eo-yo)

It was <u>brown</u>.
그것은 _________이었어요.
(geu-geot-eun gal-saek-i-eot-eo-yo)